Der Tanz der Bogensehne

Der Tanz der Bogensehne

Eine Zen-Geschichte
von Dr. Eberhard Brunier

2003
in medias res | Verlag Landsberg

Foto Dr. Petra Kern

Urvertrauen

Eine Verbeugung, ein Ritual, sich einordnen in die Ordnung des Bogens, dann der feste Stand und die Frage: "Ist mein Ziel in Ordnung?"
Den Pfeil lösen und dem Ziel begegnen, mir selbst.
Wo sonst, wenn nicht beim Bogenschiessen?

Mainz, im Dezember 2003
Eberhard Brunier

Qi = Lebenskraft

Das Kloster Lo Chi

"Wie Ihr, will ich die Kraft des Bogens erlernen," sagt sie.

Ich sehe sie noch vor mir - mit ihren großen, leuchtenden Augen, den langen, schwarzblauen Haaren, zu einem Zopf geflochten, frech über die Schulter geworfen. Fröhlich lachend steht sie vor mir. Sie hatte an der Klosterpforte geklopft und um Einlass gebeten. Ich, als Abt des Klosters Lo Chi, dem Kloster der Bogenschützen und des Bogenweges, öffnete ihr.

Wir sehen uns sehr lange an. Viele Fragen gehen mir durch den Kopf. Wie kann es sein, dass sie scheinbar so mühelos den steilen Pfad zum Kloster bewältigt hat? Ihr Atem ist gleichmäßig und ihre Haut nur leicht gerötet. Was will sie hier oben - eine Frau in diesem Kloster?

Wan = Schale

Ankunft

Am Abend des nächsten Tages steht sie vor mir - den Bogen in der einen, den Pfeil in der anderen Hand; gespannt und voller Erwartung begegnen sich wieder unsere Blicke. Ich hatte ihr erklärt worauf es ankommt, beim Bogenschießen. Erst einen Schritt nach vorne, bis zur Abschusslinie. Mit einer kleinen Verbeugung, Achtsamkeit gegenüber dem Ziel, dem Raum und mir, dem Lehrer, beginnt die Zeremonie.

Ich stelle mich fest mit beiden Beinen auf die Erde. Ich finde den sicheren Stand, spüre die Verbundenheit und Stärke mit meinem Untergrund. Mein Atem ist ruhig und gesammelt, jeder Atemzug, das Ein- und Ausatmen führt mich direkt zu mir, in mein Inneres.

Hochkonzentriert, ohne Mühe verbinde ich mich mit dem Ziel. Absichtslose Absicht erreicht jede Körperzelle. Die Muskeln sind glatt und wie ein Baum bin ich verwurzelt und doch biegsam, elastisch, beweglich in mir. Während mein Blick eins ist mit dem Ziel, heben sich meine Arme mit Pfeil und Bogen vor meiner Brust und ich führe sie in die Höhe meines Kopfes.

Ausatmen begleitet die Kraft meiner Arme; der eine drückt den Bogen in Richtung des Zieles, der andere zieht die Sehne mit dem Pfeil.

Den Pfeil habe ich geschmückt zur Hochzeit. Das Wort Liebe habe ich in sein Holz geschnitzt, den Schaft mit den Federn eines Adlers versehen und die Spitze gehärtet. Die Eleganz eines Sonnenstrahles berührt den geschwungenen Bogen, es ist die Bogensaite, die zum Tanz aufspielt.

Die Spannung wächst mit dem Auszug, weiter ausatmend erreiche ich, scheinbar ohne Kraft, den vollen Auszug der Bogensehne. Nicht weniger und nicht mehr. In diesem Moment meines Atems berührt die eine Bogenspitze den Himmel, die andere hat Kontakt zur Erde. Der Pfeil in meiner Hand ergänzt die Himmelsrichtung zu einem Kreuz. Da löst ES leicht und unbemerkt den Pfeil, getragen von der Liebe - Weg und Raum in sich vereint, gleitet der Pfeil zu seinem Ziel. Verbunden - eins bin ich mit der Liebe, dem Pfeil, dem Bogen, der Saite und dem Ziel.

Ich trete einen Schritt zurück, verbeuge mich achtsam, dem Leben und dem Tod Ehre erweisend. In die Stille klingt der tonlose Ton der Saite, welche den Pfeil getragen hat.

Lebenskreis

Achtsamkeit

Gesammelt verharre ich, zeitlos. *ES* verharrt. Ich verbeuge mich vor dem Meister, lächelnd erwidert er meinen Gruß. Ich bewege mich hinter die Abschusslinie zurück. Er richtet seine abschließenden Worte an mich:

Jedem von Euch lege ich es ans Herz- hier geht es um Leben und Tod.

Alle Dinge vergehen schnell und kein Verweilen ist im Augenblick.

Jedes von Euch sei wachsam, keines nachlässig - und seid niemals vergesslich!"

Bescheidenheit, Demut, Achtsamkeit, Fülle und Stärke durchströmen mich. So bin ich jetzt eine Kriegerin des Bogenweges und lasse mich auf das Abenteuer des Lebens ein. Da lädt er mich ein am nächsten Tag oder Abend mit einem neuen Schuss, ein neues Stück meiner Wesensnatur zu erkennen.

Wieder zu Hause bereite ich am Feuer Tag für Tag achtsam den Tee für meinen Mann, meine Kinder und mich. Jedes Teeblatt verbindet sich mit dem kochenden Wasser und alles ist eins - wie Pfeil und Bogen mit ihrem Ziel.

Köstlich duftet der Morgentee.

Für Gudrun, David, Malte und Knut.

Mit diesem Buch danke ich meinem Lehrer Götz Renartz, den
ZEN-Lehrern Ellen und Kurt Österle von der Altbäckersmühle
in Singhofen und Rolf Lindemaier, meinem Kyudo-Lehrer in Mainz.
Großer Dank gebührt meinem Kalligraphielehrer Wang Ning von
der Kalligraphieschule ZIYI in Frankfurt. Verleger Klaus Wagner-Trosien
ermutigte mich zu diesem Buch, danke!
Der Buchtext ist als CD im Verlag Sempro von Albert Peter in Mainz
erschienen, der für diese herrliche Klangbilder geschaffen hat.

DER TANZ DER BOGENSEHNE
EINE ZEN-GESCHICHTE VON DR. EBERHARD BRUNIER

Herausgegeben von	Dr. Eberhard Brunier
Gestaltung	Klaus Wagner-Trosien
Gesamtherstellung	EOS Verlag+Druck Erzabtei St. Ottilien
ISBN	3-935475-01-2
	Alle Rechte vorbehalten - Printed in Germany
©	2001 in medias res Verlag Klaus Wagner-Trosien, Landsberg am Lech, Hubert-von-Herkomer-Str. 73

Mein Vater hat mich oft auf dem Pferd mitgenommen, zum Handel in andere Dörfer. Auch bei der Jagd war ich dabei und mit dem Messer kann ich auch umgehen," erzähle ich. "Von euch Mönchen habe ich gehört, ihr übt eure Gebete und Meditationen mit Pfeil und Bogen. Das möchte ich auch lernen, dafür bin ich hierher gekommen - ich bitte euch, lehrt mich diese Kunst. Ich möchte mich in eure Gemeinschaft einordnen."

Ich spüre förmlich die Einwände der jungen Mönche: Eine Frau soll das können? Ich sitze fest und entschlossen. Meine Augen sprechen mit denen des Abtes. Es dauert unendliche Minuten.

Ich darf bleiben, ich bin erwünscht.

Ich gewöhne mich schnell ein und weil ich meine Arbeit mit Liebe verrichte, geht mein Lächeln, meine Fröhlichkeit auf die Mönche über.

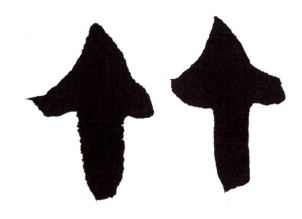

Chu = Bambus

Meine Mutter schon hatte mich gelehrt, jede Sache zu seiner Zeit zu tun, und die Mönche bestätigen mir, dass das Leben hier die schönste Begegnung mit der Liebe Buddhas ist. Die Tage vergehen: Der Abt ist wie ein Vater zu mir - und die Mönche haben wohl eine Schwester bekommen.

Die Mönche zeigen mir, wie sie mit Pfeil und Bogen umgehen, doch ich erhalte noch keine Gelegenheit, selber zu schießen und zweifle, ob ich je einen Schuss mit Pfeil und Bogen machen werde. Ob ich es schaffen werde, wie ein Mönch des Klosters, mit dieser inneren Ruhe Pfeil und Bogen spannen zu können und einen Pfeil zu lösen?

Da gehen wir schweigend und doch nicht schweigend zu dem Bambushain, wo ich alles Material für den eigenen Pfeil und Bogen entdecken darf. Mit meinen Augen treffe ich die Auswahl für gerade Bambusstücke und meine Hände tasten die Stärke des Holzes ab.

Ich, der Abt des Klosters Lo Chi erzähle ihr auf unserem gemeinsamen Weg die Geschichte von den vier Palästen, damals.......

Yi = Stimme des Herzens

Des Königs Falke

Es lebte einmal ein großer König hinter dem hohen Atlasgebirge. Ihr wisst schon.....

Er besaß einen wunderbaren Palast mit hohen, herrlichen Räumen, großen Fenstern und Türen, einen Garten... und die Blumen. Er bewohnte seinen Palast mit weisen Beraterinnen und Beratern, mit Helfern, Gelehrten und Magiern. Seine Frau war weise und klug, gleichsam eine Fee. Mit ihr hatte er zwei Kinder mit königlichen Namen.

Der König war gerecht, offen, einladend, freundlich, großzügig, geachtet von seinem Volk und auch von anderen Stammesfürsten. So war es verständlich, dass es ihm daran gelegen war, sein Reich zusammen zu halten, für sein Volk ein erstrebenswertes Ziel zu schaffen und dessen Zukunft zu sichern. Dafür war es notwendig, den Überblick zu gewinnen, achtsam und umsichtig zu sein.

Zhong = Mitte

Mein Vater hat mich oft auf dem Pferd mitgenommen, zum Handel in andere Dörfer. Auch bei der Jagd war ich dabei und mit dem Messer kann ich auch umgehen," erzähle ich. "Von euch Mönchen habe ich gehört, ihr übt eure Gebete und Meditationen mit Pfeil und Bogen. Das möchte ich auch lernen, dafür bin ich hierher gekommen - ich bitte euch, lehrt mich diese Kunst. Ich möchte mich in eure Gemeinschaft einordnen."

Ich spüre förmlich die Einwände der jungen Mönche: Eine Frau soll das können? Ich sitze fest und entschlossen. Meine Augen sprechen mit denen des Abtes. Es dauert unendliche Minuten.

Ich darf bleiben, ich bin erwünscht.

Ich gewöhne mich schnell ein und weil ich meine Arbeit mit Liebe verrichte, geht mein Lächeln, meine Fröhlichkeit auf die Mönche über.

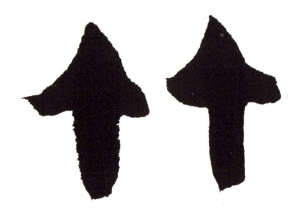

Chu = Bambus

Meine Mutter schon hatte mich gelehrt, jede Sache zu seiner Zeit zu tun, und die Mönche bestätigen mir, dass das Leben hier die schönste Begegnung mit der Liebe Buddhas ist. Die Tage vergehen: Der Abt ist wie ein Vater zu mir - und die Mönche haben wohl eine Schwester bekommen.

Die Mönche zeigen mir, wie sie mit Pfeil und Bogen umgehen, doch ich erhalte noch keine Gelegenheit, selber zu schießen und zweifle, ob ich je einen Schuss mit Pfeil und Bogen machen werde. Ob ich es schaffen werde, wie ein Mönch des Klosters, mit dieser inneren Ruhe Pfeil und Bogen spannen zu können und einen Pfeil zu lösen?

Da gehen wir schweigend und doch nicht schweigend zu dem Bambushain, wo ich alles Material für den eigenen Pfeil und Bogen entdecken darf. Mit meinen Augen treffe ich die Auswahl für gerade Bambusstücke und meine Hände tasten die Stärke des Holzes ab.

Ich, der Abt des Klosters Lo Chi erzähle ihr auf unserem gemeinsamen Weg die Geschichte von den vier Palästen, damals.......

Yi = Stimme des Herzens

Des Königs Falke

Es lebte einmal ein großer König hinter dem hohen Atlasgebirge. Ihr wisst schon.....

Er besass einen wunderbaren Palast mit hohen, herrlichen Räumen, großen Fenstern und Türen, einen Garten... und die Blumen. Er bewohnte seinen Palast mit weisen Beraterinnen und Beratern, mit Helfern, Gelehrten und Magiern. Seine Frau war weise und klug, gleichsam eine Fee. Mit ihr hatte er zwei Kinder mit königlichen Namen.

Der König war gerecht, offen, einladend, freundlich, großzügig, geachtet von seinem Volk und auch von anderen Stammesfürsten. So war es verständlich, dass es ihm daran gelegen war, sein Reich zusammen zu halten, für sein Volk ein erstrebenswertes Ziel zu schaffen und dessen Zukunft zu sichern. Dafür war es notwendig, den Überblick zu gewinnen, achtsam und umsichtig zu sein.

Zhong = Mitte

Am nächsten Tag machte er sich zeitig auf zur Jagd mit seinem Falken. Kaum hatte er seinen Palast verlassen, drehte der König sein Amulett auf den Rücken, um so mit seinem Falken sprechen zu können.

Der wies ihm heute den Weg zum Palast des Westwindes. Der Palast wurde von einer Herrscherin bewohnt, die besonders großzügig war. Sie bot ihm das Wasser, das lebenssprudelnde Elixier als Geschenk an. Um sich an sie und den Besuch in ihrem Palast zu erinnern, gab sie ihm eine Geschichte vom Klang des Regenwaldes mit auf den Weg.

Wieder bedankte sich der König, nahm sein Gastgeschenk mit in seinen Palast und verteilte mit großer Umsicht das Wasser an sein Volk, so dass Gärten und Äcker blühten und gedeihten.

Am dritten Tag konnte den König niemand mehr halten. Schon kurz hinter seinem Palast drehte er das Amulett auf seinem Rücken. Der Falke schlug ihm vor, heute zum Nordwindpalast zu reiten. Dort angekommen, wurde er auch hier gastfreundlich empfangen. Der Palast lag auf einer Ebene vor dem Meer. Die Stille und Ruhe, die sich dort wohltuend ausbreitete, war begleitet von dem Klang des mächtigen Nordwindes - und so wurde jeder Raum des Nordwindpalastes zu einem Klangraum im Herzen des Königs.

Shou = langes Leben

Beschwingt ritt er nach Hause, nicht ohne sich zuvor beim Herrscher des Nordwindpalastes bedankt zu haben. Der Klang seines Herzens erfüllte ein ganzes Reich und er hörte das ganze Klangspektrum des unendlichen Raumes.

Natürlich konnte der König es kaum erwarten, nun auch den vierten Palast, den des Ostwindbeherrschers zu besuchen. Als er in den Palast eintrat war dort bereits eine riesige Tafel für ihn gedeckt. Die erlesensten Speisen und köstlichsten Getränke aus aller Herren Länder standen bereit. Er kostete hier, kostete dort und genoss die würzigen Speisen des Ostwindbeherrschers. Nach diesem Fest bedankte er sich und der Herrscher des Ostwindes überließ ihm als Geschenk das Rezept seiner Lieblingsspeise und gab ihm köstliche Zutaten dafür mit auf den Weg.

Zu Hause wurde er schon freudig erwartet. Er stillte den Wissensdurst und Hunger der Seinen, ging in die Küche, würzte die Speisen mit Maß und erzählte und kochte, erzählte und kochte diese köstlichen Speisen.

Irgend jemand schrieb diese Rezepte des weitblickenden Königs auf und so wurden sie von Generation zu Generation überliefert ....

SAITENSPIEL

...Als wir wieder im Kloster ankommen, habe ich alle Dinge aus dem Wald mitgebracht, die benötigt werden, um Pfeil und Bogen herzustellen.

Noch am Abend verziere ich den Pfeil und den Bogen, bringe die Saite an und höre auf den Klang sowie ich an der Saite zupfe. Darauf freue ich mich besonders: den Pfeil zu gestalten und zu glätten - ein besonders gerader Bambusstock muss es sein.

Als Kinder hatten wir Schilfgräser genommen, die Federn am Schaftende waren die eines starken Vogels, vielleicht die eines Adlers oder eines Bussards, die Spitze gehärtet und scharf.

Leicht liegt der Pfeil in meiner Hand, ein Zauber liegt in ihm, der ihn zu seinem Ziel begleiten wird. Alles was war, was ist und was sein wird, ist mit magischer Schrift in das Holz eingeritzt. Ich gebe ihm meine ganze schöpferische Kraft und er gibt mir all seine Sicherheit. So ist er gleichsam aus meinem Fleisch und Blut und mit all meiner Liebe versehen.

Ankunft

Am Abend des nächsten Tages steht sie vor mir - den Bogen in der einen, den Pfeil in der anderen Hand; gespannt und voller Erwartung begegnen sich wieder unsere Blicke. Ich hatte ihr erklärt worauf es ankommt, beim Bogenschießen. Erst einen Schritt nach vorne, bis zur Abschusslinie. Mit einer kleinen Verbeugung, Achtsamkeit gegenüber dem Ziel, dem Raum und mir, dem Lehrer, beginnt die Zeremonie.

Ich stelle mich fest mit beiden Beinen auf die Erde. Ich finde den sicheren Stand, spüre die Verbundenheit und Stärke mit meinem Untergrund. Mein Atem ist ruhig und gesammelt, jeder Atemzug, das Ein- und Ausatmen führt mich direkt zu mir, in mein Inneres.

Hochkonzentriert, ohne Mühe verbinde ich mich mit dem Ziel. Absichtslose Absicht erreicht jede Körperzelle. Die Muskeln sind glatt und wie ein Baum bin ich verwurzelt und doch biegsam, elastisch, beweglich in mir. Während mein Blick eins ist mit dem Ziel, heben sich meine Arme mit Pfeil und Bogen vor meiner Brust und ich führe sie in die Höhe meines Kopfes.

Ausatmen begleitet die Kraft meiner Arme; der eine drückt den Bogen in Richtung des Zieles, der andere zieht die Sehne mit dem Pfeil.

Den Pfeil habe ich geschmückt zur Hochzeit. Das Wort Liebe habe ich in sein Holz geschnitzt, den Schaft mit den Federn eines Adlers versehen und die Spitze gehärtet. Die Eleganz eines Sonnenstrahles berührt den geschwungenen Bogen, es ist die Bogensaite, die zum Tanz aufspielt.

Die Spannung wächst mit dem Auszug, weiter ausatmend erreiche ich, scheinbar ohne Kraft, den vollen Auszug der Bogensehne. Nicht weniger und nicht mehr. In diesem Moment meines Atems berührt die eine Bogenspitze den Himmel, die andere hat Kontakt zur Erde. Der Pfeil in meiner Hand ergänzt die Himmelsrichtung zu einem Kreuz. Da löst ES leicht und unbemerkt den Pfeil, getragen von der Liebe - Weg und Raum in sich vereint, gleitet der Pfeil zu seinem Ziel. Verbunden - eins bin ich mit der Liebe, dem Pfeil, dem Bogen, der Saite und dem Ziel.

Ich trete einen Schritt zurück, verbeuge mich achtsam, dem Leben und dem Tod Ehre erweisend. In die Stille klingt der tonlose Ton der Saite, welche den Pfeil getragen hat.

Lebenskreis

Achtsamkeit

Gesammelt verharre ich, zeitlos. *ES* verharrt. Ich verbeuge mich vor dem Meister, lächelnd erwidert er meinen Gruß. Ich bewege mich hinter die Abschusslinie zurück. Er richtet seine abschließenden Worte an mich:

Jedem von Euch lege ich es ans Herz- hier geht es um Leben und Tod.

Alle Dinge vergehen schnell und kein Verweilen ist im Augenblick.

Jedes von Euch sei wachsam, keines nachlässig - und seid niemals vergesslich!"

Bescheidenheit, Demut, Achtsamkeit, Fülle und Stärke durchströmen mich. So bin ich jetzt eine Kriegerin des Bogenweges und lasse mich auf das Abenteuer des Lebens ein. Da lädt er mich ein am nächsten Tag oder Abend mit einem neuen Schuss, ein neues Stück meiner Wesensnatur zu erkennen.

Wieder zu Hause bereite ich am Feuer Tag für Tag achtsam den Tee für meinen Mann, meine Kinder und mich. Jedes Teeblatt verbindet sich mit dem kochenden Wasser und alles ist eins - wie Pfeil und Bogen mit ihrem Ziel.

Köstlich duftet der Morgentee.

Für Gudrun, David, Malte und Knut.

Mit diesem Buch danke ich meinem Lehrer Götz Renartz, den ZEN-Lehrern Ellen und Kurt Österle von der Altbäckersmühle in Singhofen und Rolf Lindemaier, meinem Kyudo-Lehrer in Mainz. Großer Dank gebührt meinem Kalligraphielehrer Wang Ning von der Kalligraphieschule ZIYI in Frankfurt. Verleger Klaus Wagner-Trosien ermutigte mich zu diesem Buch, danke!
Der Buchtext ist als CD im Verlag Sempro von Albert Peter in Mainz erschienen, der für diese herrliche Klangbilder geschaffen hat.

DER TANZ DER BOGENSEHNE
EINE ZEN-GESCHICHTE VON DR. EBERHARD BRUNIER

Herausgegeben von	Dr. Eberhard Brunier
Gestaltung	Klaus Wagner-Trosien
Gesamtherstellung	EOS Verlag+Druck Erzabtei St. Ottilien
ISBN	3-935475-01-2

Alle Rechte vorbehalten - Printed in Germany

© 2003 in medias res Verlag Klaus Wagner-Trosien, Landsberg am Lech, Hubert-von-Herkomer-Str. 73